Du même auteur sur la région

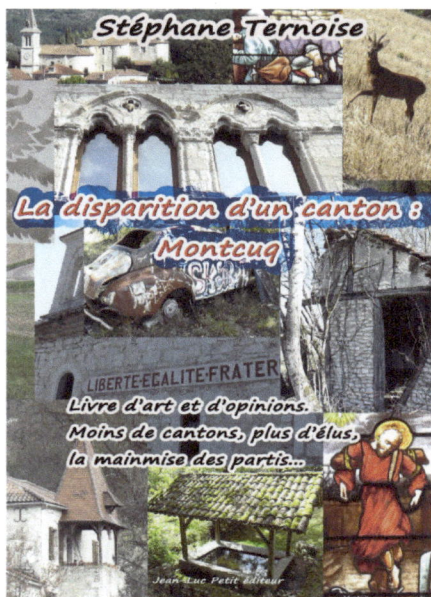

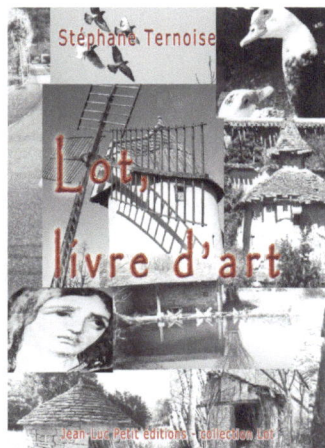

Les dolmens de Montcuq

Du même auteur*

Certaines œuvres sont connues sous différents titres.

Romans

Le Roman de la révolution numérique
Ils ne sont pas intervenus (Peut-être un roman autobiographique)
La Faute à Souchon
Quand les familles sans toit sont entrées dans les maisons fermées
Liberté j'ignorais tant de Toi
Viré, viré, viré, même viré du Rmi !

Théâtre

Neuf femmes et la star
Les secrets de maître Pierre, notaire de campagne
Ça magouille aux assurances
Chanteur, écrivain : même cirque
Deux sœurs et un contrôle fiscal
Amour, sud et chansons
Pourquoi est-il venu :
Aventures d'écrivains régionaux
Avant les élections présidentielles
Scènes de campagne, scènes du Quercy
Blaise Pascal serait webmaster
Trois femmes et un Amour
J'avais 25 ans
« Révélations » sur « les apparitions d'Astaffort » Brel Cabrel

Théâtre pour troupes d'enfants

La fille aux 200 doudous
Les filles en profitent
Révélations sur la disparition du père Noël
Le lion l'autruche et le renard,
Mertilou prépare l'été

* extrait du catalogue, voir page 33

4

Stéphane Ternoise

Les dolmens de Montcuq

Sortie numérique : 23 mars 2013

Jean-Luc Petit éditeur - Collection Lot

Stéphane Ternoise
versant
lotois :

http://www.lotois.fr

Tout simplement et logiquement !

Site officiel : http://www.ecrivain.pro

Stéphane Ternoise

Les dolmens de Montcuq

Dans le canton de Montcuq, une opinion prévaut : il n'existe pas de dolmens par ici ; dans le Lot ils se situent vers Limogne et Gramat ; les mieux informés ont vu, en vrai ou photos, les beaux spécimens de Prayssac.

Pourtant, éloignés d'une dizaine de kilomètres (oui, Montcuq est vaste), ils existent. Ces deux dolmens témoignent d'un très ancien "saccage" mais surtout devraient questionner... avant qu'il ne soit trop tard !

Cette présence devrait éveiller les curiosités mais elle ne semble pas intéresser les élus, qui peuvent certes compter sur la sonorité du nom et le Monopoly "collector" dédié à ce charmant point du Quercy pour drainer du tourisme, principalement estival.

Pourtant, une politique volontariste de mise à jour des "autres dolmens" semble urgente, avant leur découverte "par hasard" par des propriétaires qui préféreraient les détruire par crainte d'une interdiction de construire pour cause d'inscription aux Monuments Historiques...

Bien qu'aucun panneau ne les signale, leur visite ne nécessite que de posséder les bonnes indications...

Stéphane Ternoise
http://www.lotois.fr

Document réalisé dans le cadre du projet lotois http://www.communes.info par Stéphane Ternoise, écrivain et photographe ayant choisi de vivre dans le Quercy en 1995.

Dolmen de Roland

De Montcuq, prendre la direction Le Boulvé (D28).
Il existe une grotte à Roland, qui ne se visite plus.
Donc continuer sur le D28 !
Le dolmen se situe sur la droite, sur un point culminant, dans des terres à labour. Soyez donc respectueux des cultures à traverser sur quelques mètres pour accéder au tumulus, situé juste à côté de la voie romaine.

Le croisement D28 - voie romaine n'est pas indiqué, donc recherchez un large chemin de terre...

Quand vous serez sur la voie romaine (partie à la droite donc de la D28), le dolmen se situe à votre gauche.

Avec les photos vous ne pouvez pas louper la voie ni les arbres...

Quant au dolmen, je vous avais prévenu, saccagé ! Néanmoins, la présence des supports latéraux ne laisse aucun doute... J'ai rencontré le propriétaire du terrain. La tombe fut fouillée au vingtième siècle et des ossements extraits, qui pourraient avoir été conservés à la grotte de Roland, qui s'est visitée durant de nombreuses années.

Dolmen de Pech Nadal

Pour se rendre à Pech Nadal, à dix kilomètres de là, il convient de s'orienter vers le centre de Montcuq. Puis direction Saint Cyprien.

Après le croisement de la rue du Souleillou d'avec la rue du Thouron à prendre, rouler ou marcher 5,5 kilomètres environ sur la D55. Aucun panneau ne vous indiquera Pech Nadal. Sauf naturellement après le jour où il sera ajouté !

Il s'agit également de s'arrêter à un croisement d'avec un chemin de terre et de le prendre sur la droite.

Là, il conviendra de marcher quelques centaines de mètres, et les vestiges reposent juste à côté de ce chemin, sur la droite.

Cinq blocs de dimensions moyennes, peut-être le chevet et des parties de la table brisée. Rien ne permet de reconnaître des fragments d'orthostats.

Conclusion ?

Et maintenant ? On regrette qu'ils aient été saccagés ? Avec la bonne conscience de celles et ceux qui laissent les maires liquider les vieux morts, raser même de magnifiques tombes pour revendre la place aux jeunes morts ?

Deux "légendes" sont presque totalement oubliées sur le dolmen de Roland : Peyro de la Fatsiliero, la pierre de la mauvaise fée Fatsiliero, qui y dansait les nuits d'orages. Les anciens interdisaient de s'y asseoir et redoutaient de s'en approcher la nuit ; et comme en de nombreux endroits, ce dolmen serait la tombe d'un géant, ici un marchand de moutons, tombé dans un piège et assassiné.

Nul doute qu'à travers les époques le dolmen de "Pech Nadal" véhicula le même genre de craintes. C'est presque "un miracle" qu'on puisse encore les discerner.
Il n'y eut pas simplement deux dolmens à dix kilomètres d'intervalle : ici comme ailleurs il y eut de nombreux dolmens. Et leur visibilité causa leur destruction. Maintenant, il s'agit de découvrir les monuments parvenus au troisième millénaire sous leur cachette de pierres et de terres !

Mais qui souhaite les découvrir ?

J'ai quelques petites idées des endroits où il conviendrait d'en chercher... Mais j'attends des bonnes volontés... Le "savoir des anciens" se révèle sans utilité dans ce domaine. Il s'agit bien de retrouver ce qui a traversé les siècles à l'abri des hommes et leurs terreurs des dieux, des fées, des diables et autres croyances dites populaires...

Déjà que l'organisation d'un salon du livre indépendant n'intéresse personne au pays du petit rapporteur légendaire, de Nino et du Monopoly, alors s'embêter avec de vieilles pierres ! Appel à passionnés...

Montcuq et moi

Ayant acquis http://www.montcuq.net, j'en ai fait ma librairie indépendante. Où sont (seront) présentés l'ensemble des livres publiés sur le département par cet éditeur.
Avec naturellement des informations sur la démarche d'un écrivain indépendant et ses principaux textes.

http://www.montcuq.info reste un site "généraliste" sur la commune.

Quant à http://www.montcuq.org il essaye de se tourner vers l'activité théâtrale...

Mon actualité du vendredi 22 au lundi 25 mars 2013

Si c'est possible, je publierai chaque jour un livre numérique !

Je suis indépendant, totalement. J'envisage donc l'hypothèse que ce programme soit interrompu pour une raison naturellement indépendante de ma volonté.

Ces livres apparaîtront sur une page spéciale de http://www.utopie.pro

Encore une utopie, celle de faire de l'ombre au salon du livre de Paris !

Ce livre représente donc une étape de mon "voyage" parisien !

La charte de qualité de l'auteur indépendant

Il n'est même pas besoin d'exhiber quelques textes inutiles auto-édités pour dénigrer l'auto-édition, pratique accusée de mettre sur le marché les pires médiocrités agrémentées des fautes les plus élémentaires d'orthographe ou grammaire, parfois même avec un style d'élève en difficulté du CM1.

Il s'avère néanmoins sûrement exact que les livres vraiment auto-édités dans une démarche professionnelle (mon exclusion de "l'auto-édition réelle" des auteurs qui ne respectent pas un minimum la littérature a toujours dérangé les prétendues belles âmes du secteur pour qui « tout est littérature ») contiennent en moyenne plus de fautes que les livres des éditeurs "traditionnels".
Il ne s'agit pas forcément d'une question de qualité des auteurs mais de moyens. Même le passage par les correcteurs et correctrices professionnels ne permet pas de présenter des œuvres sans erreurs, qu'avant on appelait d'imprimerie. Mais depuis que l'imprimeur reprend un document PDF pour lancer l'impression, les éditeurs qui utilisent encore cet argument semblent miser sur la méconnaissance du grand public.
Monsieur Antoine Gallimard n'a pourtant pas de leçons de qualité à nous donner : la communauté des pirates du livre numérique s'était amusée à corriger l'ebook d'Alexi Jenni, *l'art français de la guerre*, prix Goncourt 2011. Après l'hypothèse de l'utilisation du document PDF imprimeur, mouliné par un logiciel de reconnaissance graphique pour fabriquer la version numérique, des lecteurs de la version papier ont informé le web que ces coquilles se trouvaient également dans leur épais bouquin.

La faculté de corriger rapidement sur l'ensemble du circuit de distribution un ebook constitue un avantage dont la portée ne semble guère avoir été analysée. Dans cette optique, j'ai décidé de récompenser les lectrices et lecteurs qui ne se contentent pas d'une moue de déception face aux erreurs mais les communiquent, en leur offrant un livre de leur choix du catalogue, trois formats disponibles (epub, pdf, amazon). Pas de papier offert ! Seule restriction, pour une question de taille des fichiers et vitesse de connexion à Internet d'un écrivain vivant à la campagne, ne pourront être envoyés que des ebooks dont la taille n'excédera pas cinq mégas, ce qui exclut les livres de photos (sauf ceux dont le PDF reste juste en dessous de la limite possible).

Naturellement, il ne vous faut pas réclamer ce livre ni envoyer les fautes constatées (réelles ! et non les choix comme mettre au pluriel un terme habituellement invariable ou reprendre une lettre d'un personnage dont les fautes d'orthographe constituent justement une caractéristique, ou même une libre violation des temps conseillés de conjugaison !) sur la plateforme d'achat mais à la page contact de www.ecrivain.pro en spécifiant le livre de votre choix, qui vous sera envoyé par mail après vérification des informations transmises.

Fautes réelles découvertes : un livre offert, l'engagement qualité de l'auto-édition.

Cette offre s'étend à l'ensemble de mon catalogue. Pour une demande dans les huit jours de l'achat.

Stéphane Ternoise

À 25 ans, Stéphane Ternoise a quitté le confortable statut de cadre en informatique (qui plus est dans le douillet secteur des assurances), pour se confronter à son époque, essayer de vivre de sa plume en toute indépendance. Il redoutait de finir pantin d'un grand groupe où même les maisons historiques peuvent se retrouver avec Jean-Marie Messier ou Arnaud Lagardère comme grand patron.

Stéphane Ternoise est auteur-éditeur depuis 1991, devenu spécialiste de l'auto-édition professionnelle en France. Il créa « logiquement » http://www.auto-edition.com en l'an 2000, une activité alors quasi absente du web !

Son éclairage sur l'univers de l'édition française a rapidement suscité quelques difficultés, dont une assignation au Tribunal de Grande Instance de Paris, en juin 2007, par une société pratiquant le compte d'auteur, finalement déboutée en septembre 2009.

Dans un relatif anonymat, l'auteur lotois a réussi à publier 14 livres en papier, à continuer en vivant de peu. Depuis 2005, ses livres sont aussi en vente en version numérique. Il s'agissait d'abord de simples PDF. L'auteur-éditeur a consacré l'année 2011 à la réalisation de son catalogue numérique, publiant ainsi ses pièces de théâtre, sketchs et textes de chansons en plus des romans, essais et recueils adaptés aux formats epub et Mobipocket Kindle...

La multiplication des questions et l'information approximative balancée sur de nombreux blogs par de néo-spécialistes de l'auto-édition autopublication, l'ont décidé à écrire sur cette révolution de l'ebook.

Le guide l'auto-édition numérique est ainsi devenu son web best-seller !

Né en 1968, il publie depuis 1991, d'abord sous son nom de naissance puis sous divers pseudonymes, éditeur indépendant depuis son premier livre.

Dès 2004, il a proposé des livres numériques, en PDF. Mais c'est en 2011 seulement que les ventes dématérialisées ont démarré. Son catalogue numérique (depuis mi 2011 distribué par *Immateriel*) a ainsi rapidement dépassé celui du papier, grâce à des essais, des livres de photos... tout en continuant la lente écriture dans les domaines du théâtre et du roman. Depuis octobre 2013, et son « identifiant fiscal aux États-Unis », son catalogue papier tend à rattraper celui en pixels.

Il convient donc de nouveau d'aborder l'auteur sous le biais de l'œuvre. Ainsi, pour vous y retrouver, http://www.ecrivain.pro essaye de fournir une vue globale. Et chaque domaine bénéficie de sites au nom approprié :
http://www.romancier.org
http://www.parolier.org

http://www.essayiste.net

http://www.dramaturge.fr
http://www.lotois.fr

Vous pouvez légitimement vous demander pourquoi un auteur avec un tel catalogue ne bénéficie d'aucune visibilité dans les médias traditionnels. L'écriture est une chose, se faire des amis utiles une autre !

Catalogue

Romans : (http://www.romancier.org)

Le Roman de la révolution numérique également sous le titre *Un Amour béton*

Ils ne sont pas intervenus (le livre des conséquences) également sous le titre *Peut-être un roman autobiographique*

La Faute à Souchon ? également sous le titre *Le roman du show-biz et de la sagesse (Même les dolmens se brisent)*

Liberté, j'ignorais tant de Toi également sous le titre *Libertés d'avant l'an 2000*

Viré, viré, viré, même viré du Rmi

Quand les familles sans toit sont entrées dans les maisons fermées

Edition (http://www.auto-edition.com)

Le guide de l'auto-édition, papier et numérique

Le manifeste de l'auto-édition - Manifeste politico-littéraire pour la reconnaissance des écrivains indépendants et une saine concurrence entre les différentes formes d'édition

Écrivains, réveillez-vous ! - La loi 2012-287 du 1er mars 2012 et autres somnifères

Le livre numérique, fils de l'auto-édition

Réponses à monsieur Frédéric Beigbeder au sujet du Livre Numérique (Écrivains= moutons tondus ?)

Comment devenir écrivain ? Être écrivain ? (Écrire est-ce un vrai métier ? Une vocation ? Quelle formation ?...)

Copie privée, droit de prêt en bibliothèque : vous payez, nous ne touchons pas un centime - Quand la France organise la marginalisation des écrivains indépendants

Alertez Jack-Alain Léger !

Théâtre : (http://www.dramaturge.fr)

La baguette magique et les philosophes

Neuf femmes et la star

Avant les élections présidentielles

Les secrets de maître Pierre, notaire de campagne

Deux sœurs et un contrôle fiscal

Ça magouille aux assurances

Pourquoi est-il venu ?

Amour, sud et chansons

Blaise Pascal serait webmaster
Aventures d'écrivains régionaux
Trois femmes et un amour
Chanteur, écrivain : même cirque
« Révélations » sur « les apparitions d'Astaffort » Brel / Cabrel (les secrets de la grotte Mariette)
J'avais 25 ans

Pour troupes d'enfants :
La fille aux 200 doudous
Les filles en profitent
Révélations sur la disparition du père Noël
Le lion l'autruche et le renard
Mertilou prépare l'été
Nous n'irons plus au restaurant

Recueils :
Théâtre peut-être complet
La fille aux 200 doudous et autres pièces de théâtre pour enfants
Théâtre pour femmes

Chansons : (http://www.parolier.info)
Chansons trop éloignées des normes industrielles
Chansons vertes et autres textes engagés
Parodies de chansons - De Renaud à Cabrel En passant par Cloclo et Jacques Brel
Chansons d'avant l'an 2000
Vivre Autrement (après les ruines), l'album invisible...

Chansons - Cds : (http://www.chansons.org)
Vivre Autrement (après les ruines)
Savoirs
CD Sarkozy selon Ternoise (parodies de chansons, 2006)

Photos : (http://www.france.wf)
Cahors, 42 inscriptions aux Monuments Historiques
La disparition d'un canton : Montcuq
Montcuq, le village lotois
Cahors, des pierres et des hommes. Photos et commentaires
Limogne-en-Quercy Calvignac la route des dolmens et gariottes
Saint-Cirq-Lapopie, le plus beau village de France ?

Saillac village du Lot

Limogne-en-Quercy cinq monuments historiques cinq dolmens

Beauregard, Dolmens Gariottes Château de Marsa et autres merveilles lotoises

Villeneuve-sur-Lot, des monuments historiques, un salon du livre...
Henri Martin du musée Henri-Martin de Cahors - Avec visite de Labastide-du-Vert et Saint-Cirq-Lapopie sur les traces du peintre
L'église romane de Rouillac à Montcuq et sa voisine oubliée, à découvrir - Les fresques de Rouillac, Touffailles et Saint-Félix
Cajarc selon Ternoise

Livres d'artiste (http://www.quercy.pro)
Quercy : l'harmonie du hasard
Lot, livre d'art
Montcuq, livre d'art
Quercy Blanc, livre d'art
Montaigu de Quercy, livre d'art
Quercy : l'harmonie du hasard
La beauté des éoliennes
Golfech, c'est beau un village prospère à l'ombre d'une centrale nucléaire
Jésus, du Quercy

Essais (http://www.essayiste.net)
Ya basta Aurélie Filippetti !
Amour - état du sentiment et perspectives
Contrairement à Gérard Depardieu, dois-je quitter la France ?
Cahors, municipales 2014 : un enjeu départemental majeur
Quand Martin Malvy publie un livre : questions de déontologie

Politique : (http://www.commentaire.info)
Ce François Hollande qui peut encore gagner le 6 mai 2012 ne le mérite pas
Nicolas Sarkozy : sketchs et Parodies de chansons
Bernadette et Jacques Chirac vus du Lot - Chansons théâtre textes lotois
Affaire Ségolène Royal - Olivier Falorni Ce qu'il faut en retenir pour l'Histoire - Un écrivain engagé, un observateur indépendant
François Fillon, persuadé qu'il aurait battu François Hollande en 2012, qu'il le battra en 2017

Notre vie (http://www.morts.info)

La trahison des morts : les concessions à perpétuité discrètement récupérées - Cahors, à l'ombre des remparts médiévaux, les vieux morts doivent laisser la place aux jeunes...
Cahors : Adèle et Marie Borie contre Jean-Marc Vayssouze-Faure

Jeux de société (http://www.lejeudespistescyclables.com)

La France des pistes cyclables - Fabriquer un jeu de société pour enfants de 8 à 108 ans
Le bon chemin pour Saint-Jacques-de-Compostelle

Divers :

La disparition du père Noël et autres contes
J'écris aussi des sketchs
Vive les poules municipales... et les poulets municipaux - Réduire le volume des déchets alimentaires et manger des oeufs de qualité
Le Martyr et Saint du 11 septembre : Jean-Gabriel Perboyre

En chti : (http://www.chti.es)

Canchons et cafougnettes (Ternoise chti)
Elle tiote aux deux chints doudous (théâtre)

Œuvres traduites (http://www.traducteurs.net)

La fille aux 200 doudous :
- *The Teddy (Bear) Whisperer* (Kate-Marie Glover)
- Das Mädchen mit den 200 Schmusetieren (Jeanne Meurtin)

- Le lion l'autruche et le renard :
- How the fox got his cunning (Kate-Marie Glover)

- Mertilou prépare l'été :
- The Blackbird's Secret (Kate-Marie Glover)

- *La fille aux 200 doudous et autres pièces de théâtre pour enfants (les 6 pièces)*
- La niña de los 200 peluches y otras obras de teatro para niños (María del Carmen Pulido Cortijo)

Table

Mentions légales

Tous droits de traduction, de reproduction, d'utilisation, d'interprétation et d'adaptation réservés pour tous pays, pour toutes planètes, pour tous univers.

Site officiel : http://www.ecrivain.pro

Présentation des livres essentiels :
http://www.utopie.pro

Précisions :
Contrairement à Gérard Depardieu, dois-je quitter la France ? Exil littéraire au Burkina Faso pour les écrivains ? - Les conséquences des politiques d'Aurélie Filippetti, Martin Malvy, Gérard Miquel, François Hollande et les autres
fut publié le 13 mars 2013
Le salon du livre de Paris 2013 : sans moi !
fut publié le 20 mars 2013

Dépôt légal à la publication au format ebook du **23 mars 2013**.

Imprimé par CreateSpace, An Amazon.com Company pour le compte de l'auteur-éditeur indépendant.
livrepapier.com

ISBN 978-2-36541-581-1
EAN 9782365415811
Les dolmens de Montcuq **de Stéphane Ternoise**
© **Jean-Luc PETIT - BP 17 - 46800 Montcuq - France**

www.ingramcontent.com/pod-product-compliance
Lightning Source LLC
Chambersburg PA
CBHW041222270326
41933CB00001B/15